社会教育を拡張する草の根の取り組み

社会教育の再設計：シーズン3

目次

「社会教育の再設計」シリーズ・シーズン3に寄せて

牧野　篤

この数年、社会の状況はまったく混沌としていて、私たちは、自分の責任ではないことの責任を、日常生活で引き受けさせられてしまっている、そういうもやっとした被害者意識をともなった負担感に苛まれてはいないでしょうか。その背後には、孤立と依存がもたらす自分の生活が自分のものではないような感覚が貼りついているように見えます。

このような状況を反映してか、第４期教育振興基本計画の策定部会では、ウェルビーイングとデジタルトランスフォーメーション（ＤＸ）が課題化され、さらに欧米的な個人主義的獲得型ウェルビーイングから日本的といわれる集団主義的協調型ウェルビーイングへの転換が提唱されようとしています。また、学校におけるＧＩＧＡスクール構想の進展にともなって、社会教育施設のデジタル化の必要が強調され、社会基盤としてのデジタル化の整備が求められています。

これらはまた日本の政治がコミュニティをターゲットとしつつ、一方で個別化を、もう一方で統合を志向する性格を持っていることとも重なっています。

ここで私たちが意識しなければならないのは、ウェルビーイングもデジタル化も、私たち住民一人ひとりが当事者としてそれを自治的に受け止め、使いこなさなければ、協調は帰属の、そしてデジタルは管理の、それぞれ強化につながってしまい、孤立と依存は解消されないということです。

私たちは、孤立と依存に代えて、ともにつながりつつ、コミュニティを誰をも大切にする場所へと変えなければなりません。社会教育は、私たちが自らこの社会を担うことの基盤となるべき、日常生活に埋め込まれた、しなやかで勁い草のような、自分と社会をつくり、変える、営みなのです。

「社会教育の再設計」シリーズは、このような社会教育を模索するためのささやかな取り組みです。シーズン1では、社会教育を考えるための基本的な視点を議論し、シーズン2では、昨今の厳しい状況の中でも私たちに希望の光を見せてくれる身近な実践事例に学びました。そして、ここにシーズン3の取り組みをお届けできることになりました。シーズン3で重視したのは、社会教育の考え方と実践を拡張して、それを広く草の根に埋め込みつつ、この社会を生きるに値する社会へと組み換える営みに学ぶことです。

この冊子を手にした方々が、それぞれの講師のメッセージを受け止めて、草の根の新たな取り組みへとつなげてくださるのであれば、幸いです。

社会教育の再設計

～未来への羅針盤をつくる知の冒険～

シーズン３

2月10日～3月10日オンライン開講

毎木曜日19:30～21:30

本講座について

社会が大きな変革期を迎えている今日、社会教育も新たな役割を期待されています。

この講座は、各分野の最前線でご活躍のゲスト講師の方々からお話を伺い、現代的な課題を踏まえつつ、社会教育の基本・原理を学びなおすことを目的としたものです。

シーズン３は、『「民設公民館」を考える』がテーマ。まちの中に私設の場をつくり、多世代が集う中で、小さなコミュニティーを生み出している方たちをゲストに、公民館「的な」もの、社会教育「的な」ものを自らが活用することで、「学び」が自分事になり、それが社会の「学び」になる各地の事例を牧野教授にナビゲートしていただきます。

社会教育の仕事をしている方をはじめ、企業の社会貢献やNPO活動を通して世代やジャンルを超えた学びの重要性を意識している方、未来への希望を生み出す学びについて関心のある方など、学びの力を社会・地域づくりに生かしたいと考えている方々に向けた連続講座です。

魅力ある講師陣

プログラム

第1回　人と情報が集まるまちの茶の間
～私設公民館づくりに医療者が取り組む理由～
2月10日　ゲスト講師：西上ありささん　横山太郎さん（Co-Minkan）

第2回　こえとことばとこころの部屋ココルーム
～喫茶店のふりをして人を紡ぐ 人の出会いが社会の網の目になる～
2月17日　ゲスト講師：上田假奈代さん
（NPO法人こえとことばとこころの部屋代表理事）

第3回　浜田のまちの縁側
～地域と学校をつなげる／子どもと共に学び育ちあうまちをめざして～
2月24日　ゲスト講師：栗栖真理さん　（浜田のまちの縁側代表）

第4回　場の力　～世代をつなぐサードプレイスの可能性～
3月3日　ゲスト講師：竹原和泉さん（NPO法人まちと学校のみらい代表理事）

第５回　まちのお茶の間
～みんなでつなぐ地域共生のいえ・岡さんのいえTOMO～
3月10日　ゲスト講師：小池良実さん　（岡さんの家TOMOオーナー）

＊ナビゲーター＊　東京大学大学院 教育学研究科 教授　牧野 篤

理論と実践

参加対象者

社会教育関係職員・行政職員、市民活動・NPO・企業等関係者、社会教育に関心ある市民・学生、など

参加費

無料

募集人数

1講座 200名 （各回申し込み先着順）

お申込み先

お申込み方法の詳細は
以下のURLまたはQRコードへ
http://manabic.com

お問合せ：shakaikyoikunosaisekkei@gmail.com

東京大学
社会教育学研究室
公開講座

×

YS市庭
コミュニティー財団
「知の冒険事業」

主催：東京大学社会教育学研究室
協賛： YS市庭コミュニティ財団「知の冒険事業」
企画協力：学びのクリエイターになる！講座修了生有志
日本青年館社会教育編集部　特別区社会教育主事会

2022年２月10日

第１回

人と情報が集まるまちの茶の間

～私設公民館づくりに医療者が取り組む理由～

ゲスト　西上ありささん
横山太郎さん

（Co-Minkanプロジェクト普及実行委員会　共同代表）

〈プロフィール〉
西上 ありさ
早稲田大学大学院（政治経済学部）修了。公共経営修士（専門職）。2005年にstudio-L参画。事業立案から計画策定、その後の活動のマネジメント、成果物のデザイン等すべてのプロセスに携わる。住民参加による総合計画の策定、集落診断・集落支援、子育て支援、地域包括、生涯活躍のまち、総合戦略の策定、介護予防、学校教育、社会教育などの公共事業に取り組む。単著に『ケアする人のためのプロジェクトデザイン（医学書院）』がある。

横山 太郎
Co-Minkan普及実行員会　共同代表、医療法人社団晃徳会横山医院。意思決定支援を行う「早期からの緩和ケア」の専門家で、厚生労働省科学研究班でマニュアル作成をした。そんな中、医療者だけで意思決定支援を行うのは困難で非医療者と共に行う必要を感じ社会活動を開始。文部科学省委託事業をきっかけに、中高生に医療の現場をみせ、共に課題解決を探る活動を横浜市医師会後援のもと行っている。

取材　辰巳厚子　編集部

２０１９年10月11日、「社会教育の再設計」が東京大学社会教育学研究室公開講座として（一財）ＹＳ市庭コミュニティ財団の「知の冒険事業」として東京大学を会場に開催された。このシーズン１は対面にて行われた。シーズン１の最終講義の２０２０年２月14日には「新型コロナウイルス感染症」が流行し始めていた。

２０２０年12月、社会教育の再設計：シーズン１の成果を新書判として『社会基盤としての社会教育再考』として刊行。続いて２０２１年11月、社会教育の再設計：シーズン２『多様な実践者がひろげる社会教育』を日本青年館新書として刊行した。その流れを発展させる形で２月10日、「社会教育の再設計　シーズン３」がシーズン２と同様にオンラインで開講した。

今回は民設公民館や私設公民館など、いわゆる従来の社会教育では捉えられてこなかったさまざまな事例を取り上げ、「社会教育や公民館とは一体何なのか」ということを再考するきっかけにするのが狙いである。

第１回目は、緩和医として働く横山太郎さんとコミュニティデザイナーの西上ありささんが始めた「Co-Minkan」を取り上げる。専門家や伴走者とともに、人々が主体的に生き方を選び、病に立ち向かうために、地域に相談できるコミュニティをつくりたい。そのために「集う、学ぶ、結ぶ」場づくりを工夫しているお二人にお話しをいただいた。

●緩和医が仕掛ける「Co-Minkan」　横山太郎

◆活動を始めた背景　―相談できるコミュニティをつくる―

私は普段は緩和医といってがんを中心とした終末期の方を多く診ています。終末期の患者は増え、死亡者数が150万人を超えるという時代が2080年頃までは続いていくというのが現実です。そうした中、60％位の人はそのことに関心がありますが、実際に何か行動に移しているという人は3％位です。CancerXという組織にも入っていますが、そこで今年行った調査では、終末期について7割の人がイメージできていないという結果になっています。

横山太郎さん

そうした状況に対して、厚生労働省では「人生の最終段階における医療の普及・啓発の在り方を考える検討会」というものを立ち上げてスライドをつくって公開しました。しかしそのスライドは94枚もあります。恐らく医療者でも読まない、簡単に言うと解決方法がまだ見つかっていないのです。

アドバンスケアプランニングというのがあります。それは将来の変化に備え、医療及びケアや生活について、本人を主体に家族や親しい人、医療・ケアチームが、繰り返し話し合いを行い、本人による意思決定を支援していくプロセスを指します。医療処置について限定するのではなく、その人が人生で大切にしているものも含めて、自分の価値観を分かってくれる人と専門家と本人と最低3人くらいで、繰り返し話し合いを行います。

時期が早ければ意見が変わることもあるし、遅ければ遅いでやはりその人の価値観ではなく医療の内容に限定されてしまうというデータが出ているので、やはり何度もやっていかなければいけないのです。このようにアドバンスケアプランニングをやると、実際の患者さんの意思が尊重され満足度が上がるという結果が出ています。

一般的な意思決定支援プロセスを分解していくと、まず説明がありそれを理解した後に自分はどうするかを周りに相談しながら考えます。私は、このプロセスの相談部分は町のコミュニティが対応していってもいいのではないかなと思っています。

先ほどのCancerXの調査では、「がんになったときに相談できるコミュニティはありますか」と尋ねると、9割が「なし」と答えています。やはりこのコミュニティをつくっていくということが大事ではないかと思ったことが、私が行動に至った背景です。

◆市民が相談相手になる「Lay Navigator」を参考に（写真１）

行動に移すのに先行事例が参考になりました。進行した肺がん患者に医師だけではなく、私のような緩和医、緩和ケアチーム、そういったスペシャリストが介入することで終末期に効果がないと言われている抗がん剤をしなかったり、患者さんの生活の質が上がったり、うつがへったり、寿命が延びたりというデータが出てきました。

しかし医療費が足りない、医療従事者が足りないという現実のなかでは、医療者が全例に介入するというのは持続可能性がないと感じました。

そこで、この相談相手というものを医療者だけではなく、市民が担ったらいいのではないかとを考えました。当時はなかなか受け入れられなかったのですが、

市民が相談相手になる「Lay Navigator」の参考事例

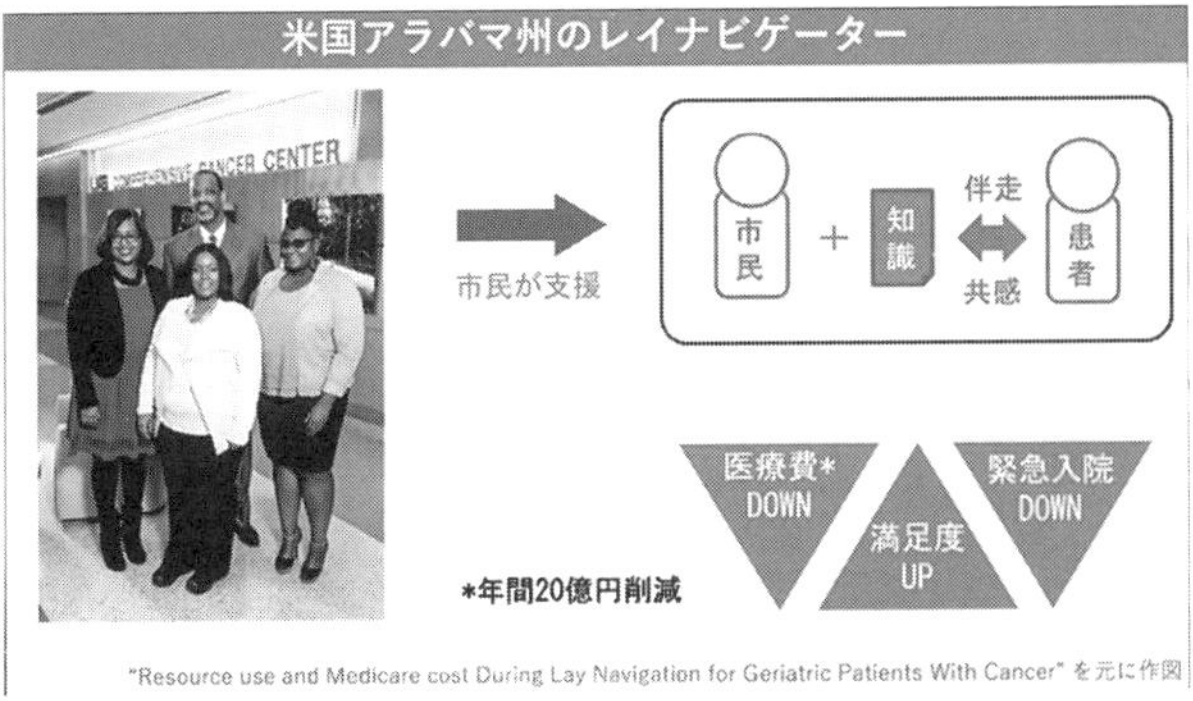

写真１　市民が相談相手になる「Lay Navigator」の参考事例

『JAMA Oncology』に、実際に市民が患者さんの診療を支えたという論文が出ました。アメリカのアラバマでのLay Navigatorという取り組みです。Layというのは市民という意味だそうです。そうすると、先ほどの専門家が入った時と同じように、患者の満足度が上がり、緊急入院は減って、医療費が20億円減りました。

ＳＤＧｓがうたわれる世の中で、Lay NavigatorというものをつくることはBuilt WorldとNatural Worldのバランスがうまく取れたエコシステムな取り組みだと思って、これをやりたいと動き始めたのがCo-Minkanなのです。

Co-Minkanを始めるに当たって、このアラバマの話がなぜうまくいったのかということをずっと掘り下げていきました。市民公開講座を行い市民にかかわってもらうのとは異なり、伴走者＝おせっかいをする人が存在することによって、自分も動かざるを得なくなる。行動変容を起こすということです。ただ、この伴走者をつくるとしても日本では市民活動をする人が少ない。しかし一方で、きっかけさえあれば参加したいという人が多いのです。私の取り組みでも初めは集まらないけれどもだんだん集まってくるというのはまさしくこういうところなのかなと思います。

そのきっかけをどうやってつくればいいのか。相談して回っていたときに会ったのが、今日参加してくれている出野さんと西上さんでした。

◆事業の始め方を本にまとめる

現在、健康格差が社会の中で大きく広がっています。分化した社会福祉と社会教育が再統合され、一緒にやるという流れはもしかしたら必然かなと思って、それ以降自分の中でやれる範囲で続けています。

どんなふうにやったのか。それは、『Co-Minkan HANDBOOK2017 わたしたちのCo-Minkanをつくろう！』という本で紹介しています。

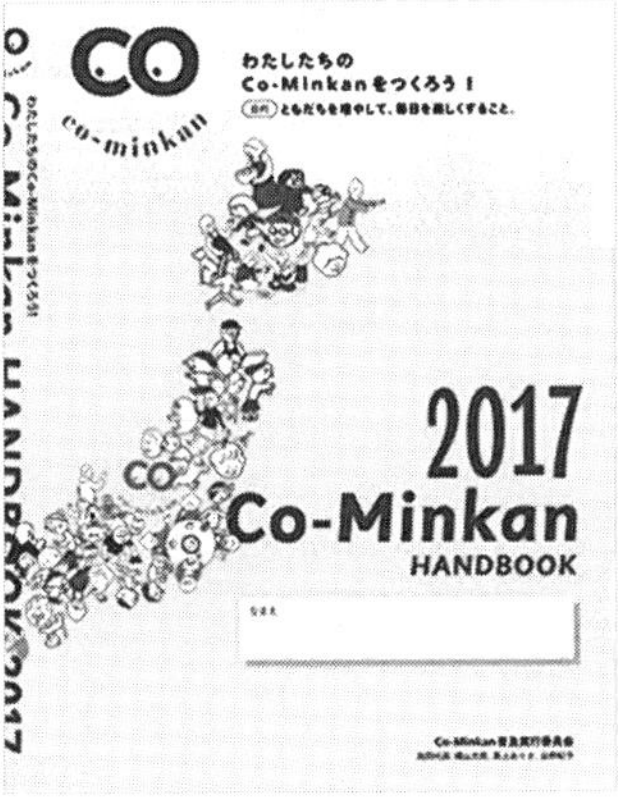

Co-Minkan HANDBOOK

チャプター1ではCo-Minkanって何なのか、果たす役割について触れています。あとは大枠の「集う、学ぶ、結ぶ（つまむ）」について書いています。

チャプター2は、実際どんなふうにするのかということを、コミュニティデザイナーが今まで培った経験を元にまとめています。具体的には、事業の頻度や開催場所などを、頻度別、あるいは会場別に分けて紹介しています。
あとは何をきっかけに集うのか。伝えたいことだけを掲げてもなかなか人は集まらない。人を集める部分と伝えたい部分の融合のデザインを、食やおしゃべりや習い事でまとめています。

◆高齢者のつながりをお手伝い　―「スマホセンター」開設―（写真2）

私のやるこの医療型のCo-Minkanは何をすべきなのか。今、スマホセンターというものを立ち上げました。新型コロナウイルスがまん延して、非接触のコミュニケーションをした方が感染リスクが低いのに、ネットを使える人たちが少なかった。このギャップを埋めるべく、インターネットを使いたいという人たちが使えるようになるグループをつくろうと考えたのです。

私の勤務地でもあり、高齢化率42・7％と横浜市内でも超高齢化が進む竹山団地内にこのスマホセンターをつくりました。医師、看護師、リハビリの人、団地の一部を寮にしている神奈川大学のサッカー部員、一緒に私設公民館で活動している高校生が参加してくれています。

「つまむ」から発想しました。まずスマホが体験できる。スマホを持っている人に伝える。仲間になるようにＬＩＮＥのグループをつくってその中にどんどんみんなを入れ込んでグループディスカッションするということをしています。

今回は、大学生の協力もあって上手く進みましたが、こうした活動を広げていくには、伴走役を誰が担っていくのか、人材が課題になると考えています。

今後の目標は、医師以外のさまざまな人が「医療補助動画」を使って患者さんに説明し、相談は医師が担当するという

スマホセンターとは
横浜市緑区の竹山団地で、「スマホを使いたい！」というあなたを医師、看護師、理学療法士、大学生、高校生らがさまざまな方法で後押しするプロジェクトです
詳細を見る
スマホセンターが竹山団地でおこなう
3つのお手伝い
スマホセンターは常設の場所はありませんが、スマホの困りごとを解決するために、
みなさんにあわせた解決方法をご提案します。
スマホを持っていない方
スマホ体験ができます！
●iPadを使ってインターネット等を体験
●スマホ購入希望者向けのツアー等を開催
スマホを持っている方
操作の疑問にこたえます！
●スタッフと一緒にスマホでやりたいこと探し
●スマホの操作は何回でも聞ける
どなたでも
仲間ができます！
●団地内の身近な仲間とつながるイベントを開催
●全国の仲間とつながる勉強会等の開催

写真２：スマホセンター

「Lay Navigator」に近い活動を広めていくことです。

●Co-Minkanとコミュニティデザイン　西上ありさ

◆コミュニティデザイナーとしての仕事

私の仕事は、行政をクライアントとして前例のない計画を立てることにあります。例えば地方創生や地域包括ケアシステムについて、今までの行政がつくってきた計画とは違う新しいことをするときに、それを行政の職員だけがやるのではなく、地域のいろいろな専門職や地域の住民の方と一緒に計画をつくり実行していくという仕事をしています。

西上ありささん

つい最近『ケアする人のためのプロジェクトデザイン』という本を出しました。ゼロから1をつくり出そうとしたときの手引き書となるようにつくっています。

行政においても、医療福祉のコスト削減には、健康づくりと予防が非常に重要になってきます。その時に介護福祉課や母子保健課というところだけではなくて、社会教育の部署が一緒になって予防や健康づくりに取り組まなければ裾野の広い活動は

ケアする人のための
プロジェクトデザイン

できません。

そこで医療の方々と組んで、Co-Minkanという言葉を使って私設公民館をつくっていくことを考えました。「公民館」という名称は、ほとんどの日本人が知っています。そこに行ったら何かを学んでくる、誰かと話をしてくるというイメージを持てる所です。身近な人たちと話しながら意識や行動を変え、社会をつくっていくということが大事で、そういう場を公民館の中につくっていきたいのです。

◆楽しさや美しさ、共感を得て課題を解決

介護予防の口腔ケアの講座を開催すると、一時的にはその内容に関心を持つ受講者が集まりますが、何度も講座を重ねると参加してくれる人が減ってしまうということがよくあります。そうしたことを防ぐために私たちは、人々の共感を得て課題を解決するということを大事にしています。補助金や制度で解決できない課題を共感によって解決する方法。すなわち楽しさや

美しさやかわいさによる解決の方法をCo-Minkanという場所をつくってやっていきたいと考えています。

私たちが仕事をするときは、地域の様々な人の話を聞いて、その地域の魅力や資源、課題を構造化します。オンライン、オフラインで何度も話し合い、物語を重ね合わせながら合意形成や活動する主体を生み出していきます。計画策定の途中も活動開始後も、そこに必ず楽しさが存在するかを問いながら課題解決に向かいます。

よくあるのは、行政もしくは医療職の方が市民にやってほしいと思っていることと、市民や住民がこれだったらやりたいし楽しそうだと思うことには少しずれがあります。そのずれを噛み合わせるような仕事をします。横山さんがやりたいと思っていることに、笑いや共感をどれくらい入れられるかということを何度も話し合いながらプロジェクトをつくっているのです。

これからも地域のみなさんと、対等な関係でつながる対話の場をつくっていきたいと思っています。

誰もが自分の生き方を自己選択し満足のいく生涯を送るために、コミュニティの人々が支え手になっていく。お二人は、そうした仕組みをつくるために、気軽に「集う、学ぶ、結ぶ」場をつくった。そこ加わるちょっとしたアイディアやデザインが楽しさを生む。詳しい内容は、お二人の出された本を参考に。

参考：社会教育２０１８年６月号「こうみんかんCo-Minkan」の提案
『Co-Minkan HANDBOOK2017　わたしたちのCo-Minkanをつくろう！』Co-Minkan普及実行委員会（Co-Minkan社）
『ケアする人のためのプロジェクトデザイン』西上ありさ（医学学院）

2022年２月17日

第2回

ゲストハウスとカフェと庭
釜ヶ崎芸術大学
～喫茶店のふりをして人を紡ぐ
人の出会いが社会の網目になる～

ゲスト　上田假奈代さん
（詩人・NPO法人こえとことばとこころの部屋代表理事）

〈プロフィール〉
詩人・詩業家。1969年・吉野生まれ。３歳より詩作、17歳から朗読をはじめる。2001年「ことばを人生の味方に、詩業家宣言」。2003年、大阪・新世界で喫茶店のふりをしたアートNPO「ココルーム」を立ち上げ、釜ヶ崎に移転し、2012年「釜ヶ崎芸術大学」開講。2016年ゲストハウス、釜ヶ崎のおじさんたちとの井戸掘りなど、あの手この手で地域との協働をはかる。
NPO法人こえとことばとこころの部屋（ココルーム）代表理事。堺アーツカウンシル プログラム・ディレクター、大阪公立大学都市科学・防災研究センター研究員。

取材　辰巳厚子　編集部

社会教育の再設計シーズン3の第2回目は、「NPO法人こえとことばとこころの部屋」代表の上田假奈代さんのお話。大阪の釜ヶ崎という地域に根ざし、さまざまな人と出会い、人々の声を丁寧に聞き、社会と関わりながら、表現と学びあいの場をつくる。その活動は、上田さんの穏やかで温かみのある語り口から想像できないほど深く重みがあり、それでいてどこか軽やかで生きる力に溢れている。

◆活動拠点の釜ヶ崎という場所

私は詩人の上田假奈代（**写真1**）です。「言葉を人生の味方に」と思っていろいろな活動をしています。まずは、私の活動拠点、釜ヶ崎を紹介します。

写真1　上田假奈代さん

釜ヶ崎は、大阪市西成区の北東部、0・62平方キロメートルくらい、800メートル四方の場所です。雑居ビルのように見えるドヤ（安宿）が林立しており、この狭いエリアに2万人以上の人が暮らす、日本一人口密度の高い土地です。

どうしてこんな街になったのか。1960年代から日本の高度経済成長を支えるべく、道路や建物をつくる大勢の人たちが集められました。しかし劣悪な環境で、その怒りは暴動という形で現れ、それがメディアによって伝えられるときに、この街はとても危ないというイメージが作り上げられていきました。でも土木作業のためには、労働者が必要でしたから、政策としてこの街から女性や子供や家族持ちは追い出され、男性労働者だけが集められていきました。そして非常に偏った、人工的につくられた街になっていきました。

その人たちもバブル崩壊後には仕事がなくなり、路上に押し出され、齢を取って生活保護を受けるようになりました。それが２０００年代です。私は２００３年にこの釜ヶ崎から20メートル離れた場所で、大阪市の現代芸術拠点形成事業に参画しました。市は家賃と光熱費を負担、人件費や事業費は一切出ないという公設民営方式です。空き店舗だらけの大きな娯楽ビルに入居しました。こんな条件でも、私は詩人として仕事をつくりたかったので非常に興味を持ち、やってみようと思いました。詩人としてこの場所を運営しようとしたのです。

アート好きな人が仲間を集めて一緒に頑張っていくだけではなく、税金を使う以上、いろいろな人たちに立ち寄ってもらえる場にしたい。そこで喫茶店を始めました。

とはいっても喫茶店はあくまでも「ふり」なので、うっかりお茶を飲みに来てくれた人がそこでおしゃべりをしたり、もれ聞こえてくるリハーサルの音に興味を持ったり、壁に貼られているチラシやポスターを見て関心を寄せてくれる、そういう場でありたいと考えました。そこで、スタッフとお客さんが一緒におしゃべりをしながら食事をするという仕組みにしました。

店には若い人も来て、いろいろな悩みを話してくれました。仕事がないとか、仕事をしたいけど人間関係が苦手とか、発達障害であるとか。他人だからこそついつい耳を傾けてしまうのです。そうした困り事や今のトピック、社会ではまだ余りニュースになっていないようなことを、ご飯を食べながらキャッチアップしていきます。そしてそれらの会話から、就労支援カフェを作ったり、障害を持った人たちと一緒に舞台作品を作ったり、街に出ていく事業を組み立てたりしていきました。

◆表現できる場所をつくり、さまざまな人と出会う

大阪市の事業が5年間で終わり引っ越すことになり、隣の釜ヶ崎に店を移しました。人はこの街を避けるけれど、確実に日本のインフラをつくって来た、忘れてはならない存在なのです。そんな仕事をしてきた人たちは人生をどのように思っているのか、そしてこれからの社会がどんなふうになっていけばいいのか聞きたい。そして、芸術の根源がここにあると確信していました。それが私の関心事で、それならば彼らと一緒にこの場所で活動してみようと思いました。

オープンした当時から毎日数回やってくるおじいさんがいました。お金がないので注文もしないし、隣に座っている人をよくつねります。だからこのおじいさんが入ってくると他のお客さんは帰ってしまい、スタッフは「もう出入り禁止にしてほしい」といいました。でも私はのらりくらり返事をして、トラブルがあるたびに一緒に外に出て話をするを繰り返し、このおじいさんと付き合いました。

小さな店内ではワークショップを多く開催していました。書を書いたり、俳句を作ったり、かるたをしたりしました。彼は毎日何回も来ているのに、誘っても誘っても参加しないんです。そんな付き合いが1年半ぐらい続きました。たまたま手紙を書く会を始めたときに、彼が店に入ってきたので声を掛けました。そうしたら「分かった、手紙を書く」と言って私の隣に座わりました。でも手が止まってしまい、字の書き方を聞いてきたのです。それまで私は、口達者だった彼が字を書くことが出来ないなど想像したことがなかったのです。この時初めて、それまで彼が誘いを断ってきた理由がわかりました。しかし私は1年半の間、是々非々の付き合いを心掛けてきたので、ここにはそんな彼を馬鹿にする人や笑いものにする人はいない。いたとしても私たちがたしなめるということを彼自身が感じてくれたのだと思いました。

それまで私はアートＮＰＯを立ち上げ、「生きることは表現だ」「言葉を人生の味方に」と言って活動してきましたが、一番大事なのは表現することではなく、表現できる場をつくることにあると気付きました。一人ひとりの存在が認められる場所、表現できる場所をつくることがわたしの仕事だということを、釜ヶ崎のおじさんに学びました。

アートNPOとしてどんな事業を組んでいくかですが、例えば、夜回りをしてホームレスの人におむすびとお茶を配って回っています。ありがとうと言う人、もう自分は食べたから他の人にあげてくれという人、あるいはもっとくれという人など様々です。この「山王ミニ夜回り」（現在は「カマン！夜回り」）は、ホームレス支援ではなく、一緒に配った人たちと思いを話し合う場と考えて、毎月1回15年間続けています。

またこの街のおじさんたちはどんどんよぼよぼになっていくし、本当は気軽に心身のこと話したいのだろうと思い、店先で月1回1時間だけの無料の「まちかど保健室」を開いています。看護師や歯科医師など専門家と連携しています。心配事を気楽に相談できる場です。

◆街を大学に見立てる

「釜ヶ崎芸術大学」

２０１２年から「釜ヶ崎芸術大学」を始めました。街のおじさんが高齢化してきて喫茶店・

ココルームまで歩いてこられないので、炊き出しの会場や施設の談話室に出向いて沢山の講座を企画しました。

狂言をつくったり、天文学の先生と大きな望遠鏡で星を見たり、サウンドスケープをしたり、体が硬いからダンスをしてみたり、鳥博士と一緒に近くの動物園に鳥を見に行ったり、見に行ったら鳥の絵を描いたり、おしゃべりを詩にしたりします。

書の講座では、おじさん達はいろいろなところへ働きに行っているので地名を書いたり、それからもうすぐ死が近いのでお坊さんに来てもらって死について勉強して葬式のプランを考えてみたり、辞世の句を書いてみたりしています。

お笑いもしました。インドネシアの民族楽器・ガムランで曲をつくって演奏します。地域の夏祭りでは、人気の合唱部が歌ったり、東京のホームレスダンスチーム「ソケリッサ」を招へいし、一緒にワークショップをして発表しました。イギリスでホームレスの人にオペラのワークショップを展開しているストリートワイズ・オペラという団体からアーティストが来て一緒にオペラ作品をつくり上演したこともあります（**写真２**）。ジェンダーの勉強や、おじさんたちから教わる生きる知恵、段ボールハウスづくりの講座もあります。

こんな活動も私１人で毎年１００講座開催するのは大変で、今は大阪府内の方々がチームを組んでこの活動を支えてくれています。

２０１４年、「釜ヶ崎芸術大学」は、ヨコハマトリエンナーレなど美術館に招聘されるようになり、自分たちの活動を紹介する機会が増えました。展覧会を通して、おじさんたちの存在を知ってもらいます。釜ヶ崎の人たちだけではなく、ここにやってくるいろいろな人たちが残していってくれた思いを表現しています。

また、この街には研究者の方が来て、よくおじさんたちの人生を聞き取りしていきます。さらに大阪大学と組んで、今度はおじさんたちが大学に行って学生さんの前でしゃべるというようなことをしました。とうとう「ほんまもん」の大学と一緒に講座をつくることになったのです（**写真３**）。

写真２　イギリス人アーチストとともにオペラ作品を上演

写真３　「ほんまもん」の大学と一緒に講座をつくる

◆ゲストハウス、井戸掘り、ブックカフェと活動が広がる

そうこうするうちに私たちには、「喫茶店のふり」に「宿泊業のふり」が加わり、35ベッドのゲストハウスを運営することになりました。館内はなかなかユニークな部屋ばかりです。谷川俊太郎さんを部屋に閉じ込め、詩をつくってもらいました。その部屋に泊まった人は、谷川さんの詩の続きを書いていく、そういう部屋です。

２０１９年には井戸を掘ることにしました。私たちは、蛇口をひねって水が出るのを当たり前と思っていますが、そうではない。どうやったら掘り出せるのか自分たちで実際にやってみました。アフガニスタンのペシャワール会で中村哲さんと井戸を掘っていた私の古い友人蓮岡修さんが一緒に関わってくれました。釜ヶ崎のおじさんたちは日本の地面を掘ってきた人たちです。リタイアしているにも関わらす、押入れからヘルメットを出してきて、掘り方を教えてくれました。彼らは普段はよぼよぼとしていますが、スコップを持つとしっかりとした腰つきに変わります。小さな子供や旅人や女性たちも一緒になって、半年あまり掛けて延べ７００人が関わって、ココルームの庭に井戸を掘りあげました。今も水をたたえています

写真４　ココルームの片隅に井戸を掘る

（写真４）。

コロナの直前に、ゲストハウスの片隅に「本間にブックカフェ」というカフェをつくりました。ここでは日替わりでも分刻みでも、いつでも誰でも店長になれます。コーヒーはココルームカフェに注文をします。ではこの店長は何をするかといったら、お客とおしゃべりをして、３０００冊近くある本棚から本を選びプレゼントするという役割を果たします。お客さんはもらいたかったらもらい、嫌だったらもらわないという不思議な本屋さんです。そして、もし懐に余裕があれば「恩贈りチケット」というものを買ってもらいます（写真５）。

食事代がない人にこのチケットでご飯を食べてもらいます。コロナ禍、日本人だけでなく、外国人も含めて、困窮した人たちが釜ヶ崎に流れ込んできました。一文無しになっても、ここで一緒にご飯を食べるとみんな元気になります。食事しながらどこから来たか、どんなことをしてきたかなど、相談室では話さないようなことが語られます。語りのなか

写真５　コーヒー代で食事を「恩贈りチケット」

で、自分は本当はこんなふうに生きたかったということに気づかれてゆくのです。そのような場面に私は何度も立ち会って、私自身が励まされてきました。

この街は支援される街ですが、私は支援される人がずっと支援されるままではなく、実は励ます人になったり支援する側の人にもなったりするのではないかと感じています。自分の弱さを開き正直に表現する人たちの言葉や眼差しというのは、とても力強くて、時に支援する側にいる人を力づけます。支援する、支援されるが循環することがとても重要だと思っています。

◆大切にしていきたいこと

人間にとっては食事や住むところも大事ですが、居場所や表現する場所、出会う場所も大事です。断酒を始めたおじさんが、「酒をやめるのは薬やない、人生の楽しみでやめられるんや」と言いました。楽しみというのも大事です。

ココルーム流に大事なことを3つ挙げると、1つは「問題解決ちゃうねん」ということです。今、世の中は問題解決流行りです。でもあの言葉を聞くと、「問題とか言われたくないねん」と思うのです。ではどうするのか。二つ目は「おもろいとこに注目するよ」すなわち、あなたのいいところを見るよということです。最後は、「みんなでするよ」ということです。誰かだけが特別頑張るのではなく、みんなでちょっとずつ分け持ってやろうということです。

駆け足でココルームを紹介しましたが、近い方はぜひ立ち寄ってもらえればと思っています。いつでも歓迎します。

上田さんの活動は、誰もが持つ潜在能力を引き出し、居場所をつくり、つながりある社会をつくる、まさに「社会的包摂」なのだ。排除せずかかわり合うことが、自律的に生きることを助け、社会を生きやすくする。この釜ヶ崎の小さな一歩が、今、社会に求められているのではないか。

2022年２月24日

第３回

浜田のまちの縁側
～地域と学校をつなげる／子どもと共に学び育ちあうまちをめざして～

ゲスト　栗栖真理さん
（浜田のまちの縁側代表）

〈プロフィール〉
「浜田のまちの縁側」代表　社会教育士
東京に生まれ育ち、結婚を機に山陰へ移住。2004年、地域の居場所として「浜田のまちの縁側」を自宅併設で開所。同年、浜田市教育委員会の子ども教室の事業を受託。2008年からは現在の地域学校協働活動推進員として最寄りの中学校区で地域ぐるみで子どもを育む様々な活動をしている。2021年からは、市内子ども支援団体と共に「子どもの権利条例」を浜田市につくるプロジェクトを立ち上げ、現在活動中。

取材　辰巳厚子　編集部

社会教育の再設計シーズン3第3回は、自宅の一部を地域に開き、赤ちゃんからお年寄りまでを受け入れ、穏やかで柔軟なつながりをつくる活動を広めている浜田市の栗栖真理さん（**写真1**）の話を紹介する。出会いから交流が生まれ、協働へと発展していく過程や助け合い、学び合い、行動する市民へと一人一人が成長していく姿は、地道で確かなものである。

◆「つながりをつくる活動をしたい」という思いから出発

島根県浜田市は、平成17年に5つの市町村が合併してできた約5万1000人の小さな地域です。高齢化率は37・3%、出生数は年間300人を切るという、少子高齢化が進んでいる町です。そのなかでも「まちの縁側」がある石見地区は中心市街地で、1万2000人と市内で最も人口が多く、二つの小学校、中学校と高校が1校ずつ、島根県立大学があり、19歳までの人口は約2000人と子どもの数が多い地域でもあります。

写真1　栗栖真理さん

私は、生まれも育ちも東京でしたが、縁があって山陰で暮らすようになり、以前は米子市で在宅ケアを支える訪問看護とケアマネージャーをしていました。

２００４年からは「浜田のまちの縁側」の代表になり、現在は教育委員会から委嘱を受けて、地域学校協働活動の推進員として活動しています。

浜田のまちの縁側を始めたきっかけは、２０００年10月に鳥取県西部地震が起き、あらためて人と人のつながりの大切さを実感したことによります。介護や子育てといった人々の大事な営みが、介護保険事業所や保育所などでサービスとして利用できるようになり、良い面もありますが、一方でそれらが他人事になっていき、人と人とのつながりが希薄になっていくように思われました。私は、浜田に定住するにあたって緩やかなつながりを大切にしながら、持続可能な地域づくりのために何かしたいと考えました。

◆「まちの縁側」のミッション

２００４年に自宅を地域に開放し「浜田のまちの縁側」を開設しました。（**写真２**）まちの縁側の願いとして開所当初に掲げたのは「人が生まれ、育まれ、生き、そして老いて死んでいく、その営みそのものをあたたかくつつんでくれるまちを育みたい、縁側での交わり、分かち合いがエネルギーとなり、まちを豊かに育んでいく」というものでした。

まちの縁側の４つの事業は、子ども事業、コモンミール事業、社会教育事業、情報発信事業

浜田のまちの縁側

●設立　2004年6月

●目的

Since 2004

　子どもから高齢者まで、すべての人に開かれた自由な空間を提供し、そこから生まれるゆるやかな交わりが、福祉の増進・社会教育の推進・子どもの健全育成を図り、地域力を育むことを目的とする。

写真2

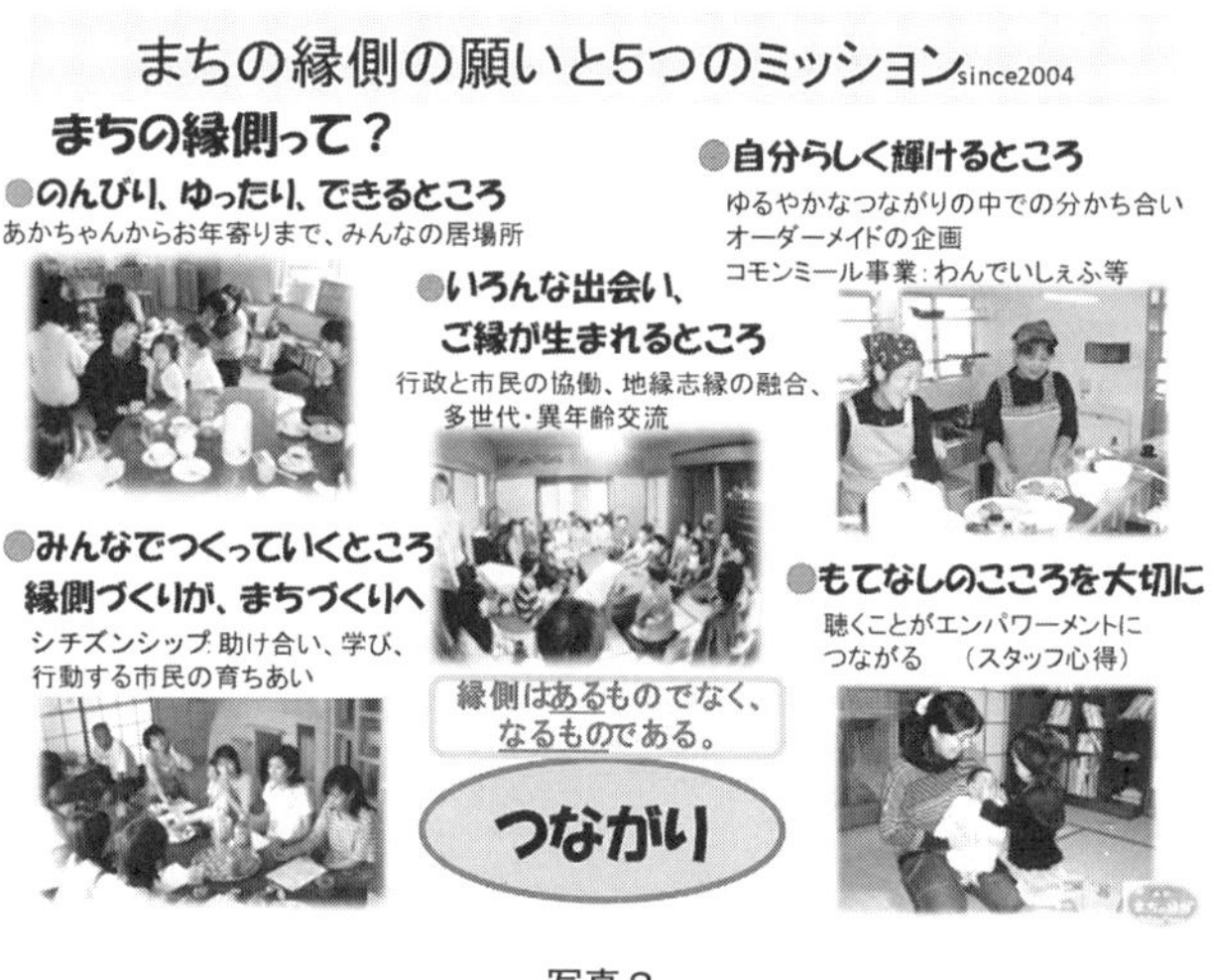

まちの縁側の願いと5つのミッションsince2004
まちの縁側って？
●のんびり、ゆったり、できるところ
あかちゃんからお年寄りまで、みんなの居場所
●いろんな出会い、ご縁が生まれるところ
行政と市民の協働、地縁志縁の融合、多世代・異年齢交流
●自分らしく輝けるところ
ゆるやかなつながりの中での分かち合い
オーダーメイドの企画
コモンミール事業：わんでいしぇふ等
●みんなでつくっていくところ
縁側づくりが、まちづくりへ
シチズンシップ：助け合い、学び、行動する市民の育ちあい
縁側はあるものでなく、なるものである。
つながり
●もてなしのこころを大切に
聴くことがエンパワーメントにつながる　（スタッフ心得）

写真3

です。定期的な開所は水曜日と土曜日で、運営はほとんどがボランティアですが、補助事業や助成金、寄付なども受けています。

ミッションは、

①地域に開かれた自由な場の提供
②さまざまな出会い・ご縁づくり　コラボレーションの促進
③一人一人が自分らしく輝ける場の創出
④みんなでつくっていく縁側　みんなでつくっていく地域
⑤（スタッフの心得として）もてなしの心を大切にすること

以上５つです。**（写真３）**

４つ目のミッション、みんなでつくるというところは、助け合い、学び、行動する市民として育ち合い、シチズンシップを醸成することを意図しています。「縁側はあるものではなく、なるものである」の言葉通り、出来上がったものに参加してもらうのではなく、多様な人々と共に縁側を育てていく中で、まちの縁側からいろいろなことがにじみ出て地域に広がっていって欲しいと願ってきました。

◆「こどもまんなか」でつながる

縁側が関わっている子ども事業は大別すると、①地域学校協働活動、②みはし「地域まちづくりネットワーク」のサポートや協働、③子どもの権利条約関わるプロジェクトがあります。

ここからは、①地域学校協働活動の一環である放課後支援についてお話しします。まちの縁側は、子ども自身がつくる放課後や子どもの居場所づくりに力を入れてきました。子ども同士異年齢で交流すること、あるいは地域の大人とつながること、また子どもの権利を尊重し、子どもの参画を前提としたつながりや子どもが安心してありのままでいられる居場所を地域につくること、そして成人になってもつながり続ける場を開くといった意図を持って活動しています。

「放課後あそび隊」は2008年から続けている活動です。大人の指導、介入を最小限にとどめ、子ども自身がつくる放課後です。これは、放課後に小学校で児童が中学生と遊ぶという実にシンプルな活動ですが、中学生の参加の仕掛けには工夫があります。小学校時代に遊んでもらった子どもたちは中学生になり、総合的な学習の時間の中であそび隊を体験し、その後部活動のない月曜日に任意でのボランティアとして参加します。小学生は中学生と遊ぶだけで楽しいのです。自分も中学生になったら「お兄ちゃんたちみたいにあそび隊に入るよ」という小学生。そして１学期、出身校に中学の制服を着て嬉しそうにやってくる中学１年生の姿がありました。小中学校の理解と協力もあって続けることができています。

◆食を通じて広がるつながり

次に、食を通じたつながりについてお話しします。つながりづくりの装置、きっかけづくりとしての食は、直線的な課題解決アプローチとは異なり、緩やかにつながり続けることや多世代をつなげていく意義に気づかせてくれます。

日替わりで市民がシェフとなってランチを提供する「わんでいしぇふ」というコモンミール事業を、営業許可を得て月１回約６年間実施しました。プロではない料理好きの市民シェフとランチに合わせて何か発信したいことがある方などをつないで、実に多様な人が出会いさまざまな副産物が生まれました。シェフ１人１人が自分らしく輝く場の創出でもあり、つながりづくりの場でもありました。

「なべおじさんと仲間たち」という屋号をつけた男の料理教室のＯＢ二人がシェフの日は、浜田市にある県立大学生を招いて、地域住民と交流しました。

カフェを起業するためにＵターンした夫婦は、その後隣町で「風のえんがわ」という名前で素敵なカフェをオープンし、今や人気のスポットになりました。

また月一回開催していた「えんがわＣａｆｅ」から新たな活動も生まれました。Mama's Gardenというママによるカフェです。子育て支援を受ける立場から提供する立場へ。毎回参加していたお母さんに、「カウンターの向こうに立ってみない」と声を掛けたところ、「楽しそう」と嬉しい反応がありました。小さくても誰かのために汗をかく体験は、お母さんたちの活力となり、この中から数年後ＰＴＡの役員として活躍する姿が見られました。

昨今、地域食堂や縁食が身近に浸透してきましたが、食を通じたつながりづくりがこの地域でも根づきつつあります。

◆プログラム「赤ちゃん・お母さんとふれあおう」でつながる

つながりを育むプログラムを、コミュニティの視点や世代をつなぐ視点から紹介します。「赤ちゃん・お母さんとふれあおう」という中学２年生の体験学習のプログラムです。このプログラムは、中学生に向けた学習としてだけでなく、赤ちゃんパワーで共に育ち合う、多元参加型子育てコミュニティづくりを目指しています。

校区のコミュニティを俯瞰してみると、子ども、子育て支援に関わるネットワークは弱く、子育て家庭が孤立を招きやすい地域課題が見えてきました。これらの子育ち、子育てコミュニティの脆弱性に対して、社会教育によって多様な主体が有機的につながっていく仕掛けとしてこのプログラムを位置づけました。

（写真４）

プログラムは非常にシンプルで、赤ちゃんとお母さんまたはご夫婦に参加してもらい、中学生と触れ合ってもらうものです。対象は浜田第一中学校２年生４クラス。一クラスを６班ずつに分けて実施しました。計４日間の授業です。１回の授業で６組の親子の参加が必要になります。

このプログラムの準備は、月齢３カ月から１歳２カ月ぐらいまでの赤ちゃんとお母さん

写真４

の協力者を集めることから始まります。子育て支援センターや子育て広場に出向いてお願いをしたり、最寄りの公園でぽつんといた一組の親子に声をかけたりしました。

また、当日お母さんたちが安心してお話ができるようにサポートするボランティアスタッフも募集します。もうすぐ子どもが中学生になる保護者にとっては、ボランティアとして参加することで、何となく怖い中学生のイメージを払拭したり、思春期に入ったわが子を授かったときを思い出し初心に返ることができたりと、副産物もあります。

当日は約25分間で一組の親子と交流を持ちます。お互いの自己紹介から始まり、前半部分はお母さん、お父さんから妊娠、出産、育児の経験や思いを語ってもらいます。お母さんも、自身の中学時代と照らし合わせながら話す場面があったり、生まれたときの体重と同じ重さの米を袋に詰めて持ってきて、今の体重との比較してもらったり、わが子が大好きな絵本を持参して、中学生に読んでもらったりと、回を重ねるごとにいろいろ工夫してくれています。

そして後半は赤ちゃんを中学生が1人1人抱っこし、あやしたり触れ合ったりする時間を持ちます。ねらいは、中学生が赤ちゃんを抱っこして、泣いても皆がおおらかに見守るというところ。少子化の中で赤ちゃんと触れ合う機会が激減し、どうかするとわが子を得て初めて赤ちゃんを抱っこすることにもなります。赤ちゃんが泣き止まないことでストレスをため、孤独な子育てをしないようにという願いがこのプログラムにあります。

自分が中学生のときにこの授業に参加し、今度は自分が母親となって参加したという方もいました。また、中学2年生の中には、この授業を赤ちゃんとして参加した生徒たちも数名いて、そのお母さんが当時のことを思い起こしてメールをくれました。

子育てをあたたかく見守るネットワークに触れる、コミュニティを体感してもらうことの意義もこのプログラムに位置づけています。同じプログラムを長くやると形骸化するリスクもありますが、世代が継承されていくことを実感する一コマでした。

◆地域と学校が互いに成長し合う協働プログラム

縁側のスタッフが地域学校協働活動推進員を担っているので、三階（みはし）小学校のまちづくり委員会である「みはし地域まちづくりネットワーク」と協働で、5年生の防災学習プログラムに取り組むことが出来ています。授業では、防災部の方から地域の水害の歴史を聞き、ハザードマップを見ながらＤＩＧ（災害図上訓練）を行います。水害のあった地域をＤＩＧのマップを持って歩くことで子どもたちの防災意識が高まっていきます。この授業のもうひとつのねらいは、子どもたちが一生懸命学んでいる姿をみて、もっと本気で地域の防災について考えよう、防災活動を広めようという大人の意識改革です。

学校長の理解により、ＤＩＧの授業を保護者参観日に設定し、保護者と児童が一緒に行ったり、地域の防災講演会で5年生の防災学習の様子をお話ししてくださいました。

コロナ禍でなかなか地域への広がりは弱かったのですが、今年度3つの自治会で防災学習、防災活動が意欲的に行われました。自治会組織に位置づけられている子ども会が、一緒に炊き出し訓練をしたり、非常持ち出し袋を持ち寄ったり、防災訓練のポスターをつくったり、5年生がつくったＤＩＧのマップを配布したりしました。

一般に地域学校協働活動とは地域と共にある学校、地域に開かれた教育課程、学校を核とした地域づくりといった方向性を学校と地域と共有しているわけですが、実際にはローマは一日にして成らずで、1つ1つのスモールステップを積み重ねながら地道にこつこつと進め、次世代を育成することのできる地域力を上げていくことが必要です。

◆民設公民館の強みを発揮して政策提言

最後に少しだけ民設公民館の強みについて触れます。社会教育では当事者意識を持って地域に関わる人を増やすことをミッションにしていますが、そのプロセスが「ねばならない」ではなく、学び、関わることに喜びが感じられるかどうかが大切です。

そのような社会教育のプロセスの先に、政策提言や事業化といった市民活動へと発展する取り組みが期待されます。政策提言や行政監視は、市民自治にとって重要な機能です。縁側の取り組みとして、例えば新しい図書館建設に向けてパブリックコメントを書いたり、市長市議選に向けてあなたの投票基準は何ですかといった市民発のワークショップを開催したりしてきました。そういった取り組みは、民間のほうが主催者として自由度が高い気がしています。

今後の活動は、市民の立場から子どもの権利の実現に向けて子どもの権利条例づくりを進めることです。子どもには力があり、主体として意見を言い、社会に参加する権利があります。そのことは縁側が目指すシチズンシップの醸成にもつながっていますし、子どもの居場所としての縁側が、指導や救済よりも子どものエンパワーメントを大切にしてきたことにもつながります。

まだまだ先進自治体や専門家から学ぶ日々ですが、市議会議員とも対話を重ねながら、子どもの参加を得ながら、条例をつくりたいと考えています。

2022年３月３日

第４回

場の力
～世代をつなぐサードプレイスの可能性～

ゲスト　竹原和泉さん
（NPO法人まちと学校のみらい代表理事）

〈プロフィール〉
大学で初等教育・社会教育を専攻。フランス・米国・日本で3人の子を育て、ボランティア活動PTA活動を行う。子どもも大人もつどい一緒に学ぶ「場」を運営。横浜市東山田中学校ブロック・神奈川県立高校・特別支援学校等で学校運営協議会委員。中央教育審議会臨時委員、コミュニティ・スクールの在り方等に関する検討会議等を歴任。文部科学省CSマイスター。国立大学法人東京学芸大学理事。「学校と社会をつなぐ」学事出版（2021年）

取材　辰巳厚子　編集部

「社会教育の再設計シーズン3」第4回目は、横浜市立の中学校で、学校と地域をつなぐ場としてコミュニティ・ハウスを運営し、その後青少年の居場所を開設し、主体的社会参画を後押ししている竹原さんに活動とその思いを聞いた。

◆活動を始めた背景—社会教育への関心と子育て経験—

今日は、今までやってきたことを、「場」に焦点を当て、学校と地域をつなぐこと、そして地域にあるサードプレイスの持つ可能性について話をしたいと思います。

最初に自己紹介をしたいと思います。私は都心で育ちましたが、大学1年生の時、岩手県の田野畑村島越に夏休みのボランティア活動に行ったことが私の人生を変えました。そこでの経験により、豊かな学びが学校の外にあることに気が付きました。それが社会教育のフィールドだということを初めて知りました。

竹原和泉さん

結婚後、夫の転勤によってフランスで6年間、アメリカで6年間、3人の子どもを育てましたが、そのなかで気づいたことが沢山ありました。

フランスは少子化対策に成功した国と言われています。出産・

子育てをした中で、気づいた３つの鍵があります。まずは子育ての「場」の多様性です。保育園、幼稚園だけでなく一時預かり保育、孤立した親をサポートする場、保護者が関わり運営する保育施設などさまざまな「場」がありました。

二つ目は、経済的支援です。３人目が生まれたときに、こんなに支援されていいのかというぐらい経済的な支援がありました。

三つ目は、子育て家族への社会の温かさです。例えば、３人の子どもを連れてスーパーに行くと必ず誰かが「グランファミーユ（大家族だね、頑張ってねという意味に聞こえました）」と声を掛けてくれます。また、タクシー乗り場で何十人何百人の人が待っていても、３人子どもを連れていれば一番前に並んでいいというルールがありました。

学齢期の子どもたちと過ごしたアメリカではＰＴＡ活動がとても活発でした。地域学校協働活動にほぼ同じか、それ以上の活動をしています。先生は教えることに専念し、それ以外のことは保護者・地域や専門職に任せるのです。地域を理解し学校を理解するのには、コミュニティ・カレンダーが大きな役に立ちました。これについては後で紹介します。

そして一番下の子が高校生になり、日本に戻ったとき、たまたま図書館の帰り社会教育指導員募集という小さな張り紙を見つけました。「私を呼んでいる」と思った瞬間でした。横浜市都筑区で社会教育指導員として、さらに横浜市教育委員会の嘱託職員として、社会教育関係職員の研修やバックアップをし、市民活動の推進、生涯学習支援センターの機能強化やマニュアル作成に携わりました。

その後、コミュニティ・スクールとして開校した東山田中学校に設置されたコミュニティ・ハウスの運営を任してくださり11年間館長をつとめました。さらにNPO法人まちと学校のみらいを立ち上げ、現在はあおばコミュニティ・テラスというまちの中にある青少年の地域活動拠点の運営に至りました。ここでは、その2つの「場」の活動について話をします。

◆学校と地域をつなぐ「東山田中学校コミュニティ・ハウス」

横浜市立東山田中学校はコミュニティ・スクールとして2005年に開校しました。港北ニュータウン開発と共に、観覧車があるショッピングセンターやマンション群、おしゃれな街並みが広がり、急激に人口が増えたため開校した中学校の校内に、380平方米のコミュニティ・ハウスが、計画的に設置されました。

私はアメリカの学校と地域を見てきた経験から、学校と地域の関係を考え、皆が当事者になれるようにと考えていました。そのために、コミュニティ・ハウスを学校と地域をつなぐ場、子どもも大人も一緒につどい学ぶ場にしたいと考えました。２００９年学校支援地域本部を立ち上げ、さらに地域学校協働本部となりましたが、事務局を置いています。学校運営協議会での協議をもとに地域学校協働活動を行いますが、このような「場」は会議にはない可能性があり、日常的に学校と地域をつなぎます。

　コミュニティ・ハウスは学校の中庭に面しており、学校のなかに地域の空気を感じる風景をつくりたくて、パラソルのあるテラスセットを買いました。みんながちょっとお茶でも飲みに行こうかなという雰囲気をつくりたかったのです。コーヒーを飲んでいる赤ちゃんを連れたお母さん、その後ろでは小学生が楽しそうに話をしている。みんなが親しみを持ってつどう風景が広がっているのです。

写真１

そして3小学校を対象にした「土曜クラブ」でアートと科学体験をしたり、赤ちゃんとお母さんの親子の広場を開催したり、いろいろな団体を立ち上げるための趣味の講座などを開催しました。また、中庭で合唱祭の練習をする中学生の声を聴きながら、古典を読む会を終えてお茶を飲む高齢者がいる、まさに地域の縁側の役割を果たしました。（写真1）

◆学校と地域の情報共有―コミュニティ・カレンダーと「まちのたからマップ」―

学校と地域がパートナーになるためには、ミッションやアクションを共有する前段階での情報共有がとても大事ですし、小さな成功体験を重ねることがパートナーになる秘訣です。その情報共有の1つが「学校と家庭と地域をむすぶコミュニティ・カレンダー」です。アメリカの学校ハンドブックを翻訳し、参考にして学校だけでなく地域の情報も共有できるコミュニティ・カレンダーをつくりました。このカレンダーが地域と学校が情報共有しアクションを共有する元になるものです。

情報共有のもう一つとして、「まちのたからマップ」があります。どのまちにも自然、歴史、産業、そして人や団体の活動などの宝がありますが、これらの活動がカリキュラムの中でどう位置付けられているか、子どもの学びにどう役に立てられているかを整理しました。小中9年間の教科ごとに地域に出て学んでいること、学校で地域の方から学んでいることを可視化してみると、気づきと次の動きが生まれます。これは現在、社会に開かれた教育課程の理解を深めるための一歩として、文部科学省の説明資料にもなっています。（**写真２**）

中学校のコミュニティ・ハウスの運営を11年、学校運営協議会の委員・会長を17年つとめ、多くの試みをしてきましたが、何より学校内にある「場」の持つ可能性を実感し発信してきました。現在各地で「地域交流室」「井戸端会議室」「コミュニティルーム」等の名称で広がりを見せていることは嬉しいことです。

写真２

◆青少年の地域活動拠点「あおばコミュニティ・テラス」をスタート

２０１８年から青葉区役所とＮＰＯまちと学校のみらいの協働事業として中高生のまちづくり「市ケ尾ユースプロジェクト」を３年間行いました。その後横浜市こども青少年局の事業として、青葉区青少年の地域活動拠点運営団体の公募があり、中高生が地域で活動することでぐんぐん成長することを確信、コロナ禍だからこそ必要だと考え応募しようということになりました。連日リモート会議で申請資料を検討、プレゼンに向け準備し、何とか受託できました。

誰もが安心して利用できるサードプレイス、１人でも誰とでも来られる場所。Free Wi-Fiが飛んでいて、ここで授業を受けたり動画を見ていてもいいし、様々なプログラムに参加してもいい。中高生自身が、こんなことをしたいという提案もできる、そういう「場」をめざしました。

不動産屋さんを何軒も訪ね、ようやく市ケ尾駅から２分、公園の隣でかつて美容院だった明るい中二階を借りることができました。スケルトンで電気も水道も何もなく、ゼロからつくるため電気屋さんや大工さんが材料費だけで協力してくださり、壁塗りは左官屋さんを講師に、子どもも大人も参加しワークショップ形式で完成させました。

施設の名称も公募し、ワークショップを開催、高校生が「僕たちはユースとかヤングとかそういう名前は要らない。本質を問いたい。コミュニティという言葉を入れたい」と語ったことは嬉しい驚きでした。そして日当たりが良いテラスであり、自分たちの将来を照らし、青葉の将来を照らすという意味も込めて「あおばコミュニティ・テラス」と決定しました。

名称が決まってから、次にマークも公募、みんなで意見を言い合いながらワークショップを重ねて、プロボノがデザインを完成してくれました。

こうした開設のプロセスに関わった子どもたちは、今でも「この壁は僕が塗ったんだ」と自慢していますし愛着があり、この「場」が自分のものとなっています。（写真3）

◆「参画のはしご」とコーディネーターの役割

「あおばコミュニティ・テラス」は、中高生の活動拠点として週3日、放課後と土曜日の午後に

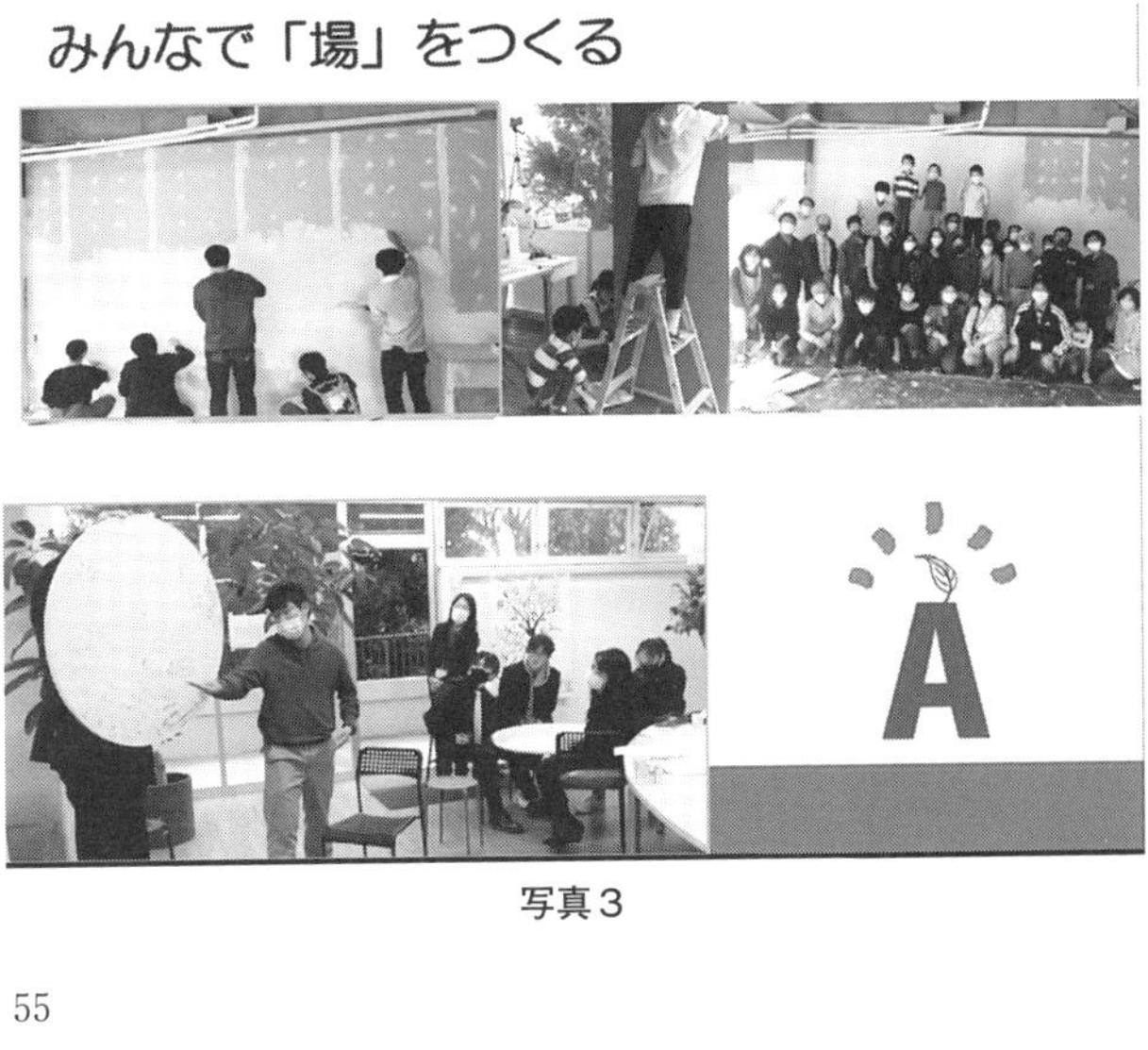

写真3

開き、誰でも予約なしで利用できます。感染症予防のため寒くてもドアを開け換気し、オーバーを羽織ってでも歩みを止めない、閉館しないということで継続してきました。

活動への参画の仕方は「はしご」で表現しています。まず一段目は、居場所として集う。二段目が、プログラムに参加する。三段目が、プログラムを企画運営する。四段目が、自らプログラムを発案、企画、実行する。参画のはしごのそれぞれの段階に寄り添い、支えています。そして私たちコーディネーターは、チームで動いています。メンバーはみんな2足3足のわらじを履いています。カウンセラーや公認心理士、キャリアコンサルタントもいます。NPO法人の運営経験があったり、行政書士の資格を持っていたり、コミュニティ・スクールで地域学校協働活動のコーディネーターをしている人もいます。さまざまな人がそれぞれの力を出しながらチームで動くというのが私たちの強みだと思っています。

◆中高生の主体的活動をサポート

主な事業として「あおば未来プロジェクト」があります。中高生が青葉区をもっと良いまちにするためにはどうしたらいいか、どんな課題があるかそのために何ができるかを考え、活動するものです。広報で呼び掛けたところ、中高生が22人、大学生のサポーター8人の応募がありました。何故、大人ではなく大学生をサポーターにしたかというと、大学生は、こうしたらいいなど先回りしないで、寄り添えると考えたからです。大人はそれまでの経験があり、つい先回りしてアドバイスしてしまったり、中高生の話をじっくり聴くことや考えがまとまるのを辛抱強く待ったりできないことが多いと気づいたからです。

このプロジェクトではまず、どんなまちにしたいか、どんな課題があるかを自ら考え、同じ考えの人とテーマを共有しチームをつくります。その後それぞれのチームは情報取集やフィールドワークに出かけ、調べたことを元にさらに話し合い、活動へつなげます。3月には活動報告会を開催、中には政策提言を行うチームもあります。このプロセスで、はじめは固い雰囲気でも、ミーティングを重ねるうちにフランクに話し合えるようになり、チームになっていきました。時に合意形成をすることの難しさを感じたりしますが、次第にひとつの方向性を見出し、実際に動いているうちに達成感がうまれます。何よりいつの間にかまちづくりの当事者になっていくのです。

二つ目は、「あおばYouth Wave」という中高生や大学生のもっと自由な企画があり、それを見守ります。彼らが企画書や予算書を提出し、実施後は振り返りまでするようサポートします。例えば、まちをアートで活性化することを目的に、公園でチョークアートイベントを企画運営しました。まず公園利用について土木事務所に交渉に行って許可証をもらったり、自分たちでチラシをデザインし、町内会や公園愛護会の方にも連絡し、近隣の小学校に広報しました。当日は多くの親子が集まり、思い思いにダイナミックな絵を描いてコロナ禍で久しぶりに楽しい時間を過ごしました。終了後公園を現状復帰するため、水をまいてデッキブラシで擦り、すっかりきれいにしましたが、この作業も大いに盛り上がり、子どもたちにとって忘れられない思い出になったことでしょう。

中高生は自らの意志でプログラムに関わり、いろいろな人に出会い深い体験をします。世代もフィールドも違う人、いつもは出会わない人との出会いがある。そんな出会いから学ぶということが、教科書では学べない「学校の外での深い学び」なのです。（**写真４**）

◆多世代をつなぐプログラム

さらに多世代のつながりがある３つのプログラムがあり

写真４

ます。

１つは、長期休みに開催する「みんなの学習室」という小学生の学習会です。これは中高生や大学生がアイスブレイクで和やかな雰囲気をつくった後、小学生の学習に寄り添います。

また、コロナ禍で例年実施しているリアルな発表の場が持てないので、動画で配信したいということから、大学生が講師、高校生が助手になりスマホをつかった高齢者向けの動画講座を開催しました。２回の講座で30秒の動画を作成できるようにするのですが、若者から「最初の３秒が勝負」と言われて、高齢者は目が丸くなってしまいました。シニアに「先生もっと教えてください」と言われ、大学生がびっくりするという関係もできました。**（写真５）**

写真５

◆「大人の学び場@FOCAS」がまちをつなぐ

あおばコミュニティ・テラスでは大人の学び場として「@FOCAS」を開催、毎回異なったテーマで学びつながる場を設けています。これは地域で活躍している方々、大学の先生や企業の方をゲストに迎え、それぞれのテーマで40分程話題を提供してもらいます。リモートも併用し、その後の歓談によってつながりが生まれ、いくつも新しい動きに発展していきます。コロナ前でしたら軽食を出して一杯飲んで、盛り上がって話ができたのですが、今はそれが難しい。その代わりZOOMで各地から参加できるようになりました。この大人の学び場は私たちにとって、ネットワークを緩やかに広げる機会になっています。（写真6）

◆サードプレイスの可能性

地域ならではの「場」というのはとても可能性があります。子どもたちにとっては、学校でも家庭でもないサード

テーマでつながる

@FOCAS　大人の学び場

写真6

プレイスです。それは大人にとっても同様です。

ここは評価から自由であり安心して自分らしくいられます。困難を抱えていたり、マイノリティーであったり、もやもやを抱えている子たちも、のびのびと自分らしくいられるということが大事で、そのような雰囲気づくりに心を配っています。ここは用があってもなくても来られる場所です。そして居心地の良い空間にいることで元気になり、ほっとすることもあります。

そしてこういう日常的な空間での雑談から、思いがけない学びや新たな動きが生まれています。このような「場」では年間計画に従うだけではなく、バイオリン工房が隣にあったので、一緒にコンサートを開催したり、たまたま近所に住んでいる企業の方が立ち寄られて工場見学が実現したり、偶然から生まれるものが魅力を高めてくれます。

さらに大切なことは、誰もがここは自分のものであるというオーナーシップ感覚を持てること。この場所は自分がつくってきた場所だ、自分の居場所だと思い、自分がまちづくりに参加したという確かな手ごたえを持つ感覚が大事だと思っています。

こういう「場」があり、子どもたちの成長を長いスパンで見られるというのは地域ならではの醍醐味です。そしてコミュニティ・テラスがあることで地域の人や組織がつながっていきます。時間と空間をつないでいくのが「場」の力なのです。

2022年３月10日

第５回

まちのお茶の間
～みんなでつなぐ地域共生のいえ・岡さんのいえTOMO～

ゲスト　小池良実さん
（岡さんのいえTOMOオーナー）


〈プロフィール〉

本職はフリーのライター。

生まれは東京の蒲田。昭和の工場町屋と呼ばれる環境で幼少時を過ごす。集団就職の若者などが同居する親族経営のごちゃ混ぜの生育環境は、大雑把な人間形成を促進。長じて大叔母の介護を経て、「岡さんのいえTOMO」のオーナー、といえば聞こえは良いが初めてだらけのコミュニティで、ごちゃ混ぜの何でも係と化す。

開設して15年が経ち、家もスタッフも、自分も経年劣化が目立つようになる。

現在、(財) 世田谷トラストまちづくりの理事、世田谷区野毛青少年センター運営委員など。やっていることの物珍しさから大学で講義を依頼されることも多い。

取材　辰巳厚子　編集部

15年前、岡ちとせさんの家を相続し、意思を引き継いで「岡さんのいえＴＯＭＯ」を設立したオーナーの小池良実さん。地域の課題解決などと大それたことではなく、日常的で楽しいことを通して、人と人とのつながりや地域の重なり合いを築き、それが緊急時のセーフティネットとなり得ることをまちに開くことで、運営スタッフと共に発見してきた。地域の「わやくちゃ（ごちゃ混ぜ・一緒くた）」から生まれる力を聞いた。

◆岡ちとせさんから受け継いだ家

世田谷区上北沢にある「岡さんのいえ」は、私の大叔母、岡ちとせが暮らしていた一軒家で、築70年経っています。「この家は私の子どもみたいなものだから、私が亡くなった後は地域のために役立ててもらえれ

写真１　岡ちとせさんと子どもたち

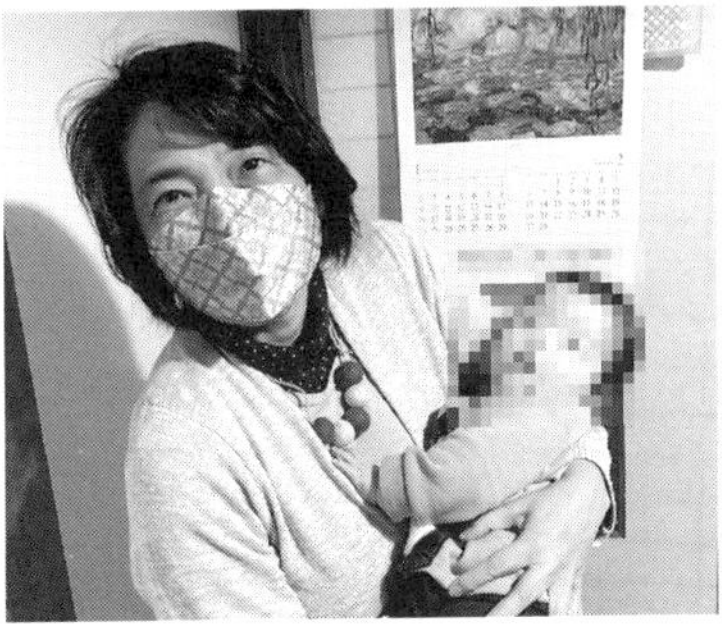
写真２　卒業生の赤ちゃんを抱っこする小池良実さん

ば」という形で私に遺贈されたものです。家のなかは、昭和のお茶の間という雰囲気で、障子や１２０年前のオルガンやピアノや古いアールデコ風の１９３０年代のミシンが置いてあったりします。

岡ちとせは、ここで地域の子ども達に英語とピアノを教えていたので、いつも大勢の子どもの元気な声が響き、人のにぎわいに囲まれていました。私をいつも紅茶とケーキで出迎えてくれた優しい笑顔の大叔母でした。**（写真１）（写真２）**

遺言を活かしてこの家に昔のにぎわいを再現したい、でもこんな私的なことに手を貸してくれる人がいるのだろうか？当初は不安ながらも私１人で始めました。しかし、ふたを開けてみたら様々な偶然の巡り合わせがあり、多くの人の支えがあり、現在に至りました。

今では（一財）せたがやトラストまちづくりの「地域共生のいえ」として、地域の皆さんや支えてくれるスタッフと共に運営にかかわっています。（「地域共生のいえ」とは（一財）世田谷トラストまちづくりが支援する事業で自分の家・建物を地域に役立てる世田谷区の取り組み。２０２２年６月現在、「地域共生のいえ」は区内に22ヶ所開設。）

◆岡さんのいえでの活動

目指したのは楽しいイベントや集まりを軸にして、世代を超えてつながる「みんなのまちのお茶の間」をつくることです。たたみに座り、ちゃぶ台を囲んでお茶やおしゃべりを楽しむ。岡さんの時代と同じように、この家に再び人が集い、関係を深め合い、団らんの場として役に立つことが、意思を受け継いだ私たちのミッションだと思っています。

ここでは、今までこの家を活用して多世代で集まる場として、どんな活動をしてきたかについて話します。

1．日常的な交流の場づくり事業—場を活用した多世代で集まる居場所づくり—

岡さんのいえでは、年間30種類のイベントを開催し、延べ２０００人に参加してもらってきました。

第一水曜日の15時からは外では駄菓子屋、家の中では「まちの保健室カフェ」の時間です。駄菓子屋は、コロナ禍の前は毎週やっていたのですが、今は月に2回水曜日に縁側のところで開催しています。おばあちゃんが「幾らになると思う？」なんて子どもたちに聞きながら、駄菓子を売っています。仕入れ値と売り値が一緒なのでいくら売っても全くもうからない（笑）。それでも楽しくやっています。（**写真３**）

「まちの保健室カフェ」は地区の包括支援センター、社会福祉協議会と組んで高齢者中心に開催しています。

緊急事態宣言の後は、高齢者がいろいろな形で取り残されていることが情報として入ってきました。若い世代と違ってネットなどの情報がない。当時はテレビは恐怖をあおるような報道ばかり。家でテレビだけを見て、外出を控えているうちにすっかり足腰が弱ってしまった、という声が聞こえてきました。岡さんのいえの運営メンバーと話し合い、感染

写真３　駄菓子屋の風景

防止に努めながら、開催日と時間を減らし、けれど閉めずにやっていこうとなりました。「まちの保健室カフェ」は奇しくも緊急事態宣言後の早い時期から高齢者に人気の時間になりました。

また、昭和の雰囲気を活かしてさまざまな用途で地域の人たちに部屋を使ってもらっています。蓄音機の演奏会をやったり、高校生の理科の実験教室をやったり、落語家さんが来て落語のワークショップをやったりもしました。（**写真4**）

2. 支援が必要な人々のための居場所づくり事業

毎週水曜日の夜には、「たからばこ」といって、中高生の居場所として家を開放しています。さっと帰る子もいれば、玄関先で寝転んでいる子もいる。様々な時間の過ごし方をしていますが、みんな生き生きしています。（**写真5**）

もう一つは「岡'sキッチン」という活動を始めて6年ぐ

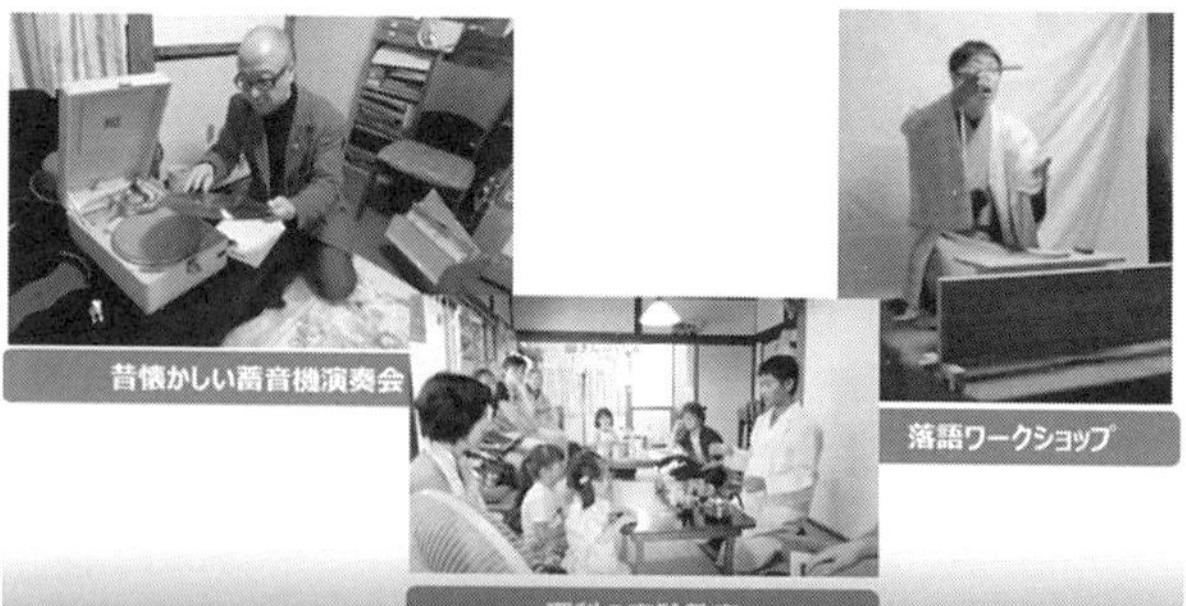

写真４　昭和の雰囲気をいかしたイベント

らいになります。児童養護施設を退所した子どもを主な対象とした食事会を第４土曜日にやっています。近隣の児童養護施設と岡ちとせは昔から交流があったようでした。今は区の受託事業（世田谷区「せたがや若者フェアスタート事業」の居場所支援）としてやっています。経済的なことや虐待など理由はさまざまですが、彼らに居場所を提供できたらと思い、月１回ではありますが、食事を一緒に食べようと始めました。コロナ前は「みんなで作って、みんなで食べる」をコンセプトに一緒に作っていましたが、最近は「調理は一人」という条件付きで食事会が再開できています。支援してくれている協力者の方が、心を込めて家庭的なメニューを作ってくれています。

写真５　中高生の居場所づくり「たからばこ」

３．地域の多様な活動を支える事業―岡さんのいえで築いてきたつながり―

数々のイベントや活動研究をとおして、行政や民間企業、大学、地域と多彩なつながりを構築してきました。大学生のインターンも受け入れています。ですから、地元町会や大学生の卒論・修論発表にこの場を提供しています。また、小学校に出前授業に出かけたり、民間企業による助成金イベントとして、宮城県東松島市の東名（とうな）と、震災の1年後につながり、懇親会を開いたりしました。（**写真6**）

4．「まちのお茶の間」普及啓発事業――メディアへの発信や取材・視察――

広報として、「岡さんのいえしんぶん」やホームページで色々な発信をしてきました。トルコ・韓国・アフガニスタンなど海外からも多数の取材を受けました。コロナ前ですが、トルコ東部黒海地域開発庁の方々が視察にいらしたことは印象に残る出来事でした。トルコの都市開発にあたる役人さんたちでしたが、そこに来ていた赤ちゃんたちを抱っこして、非常

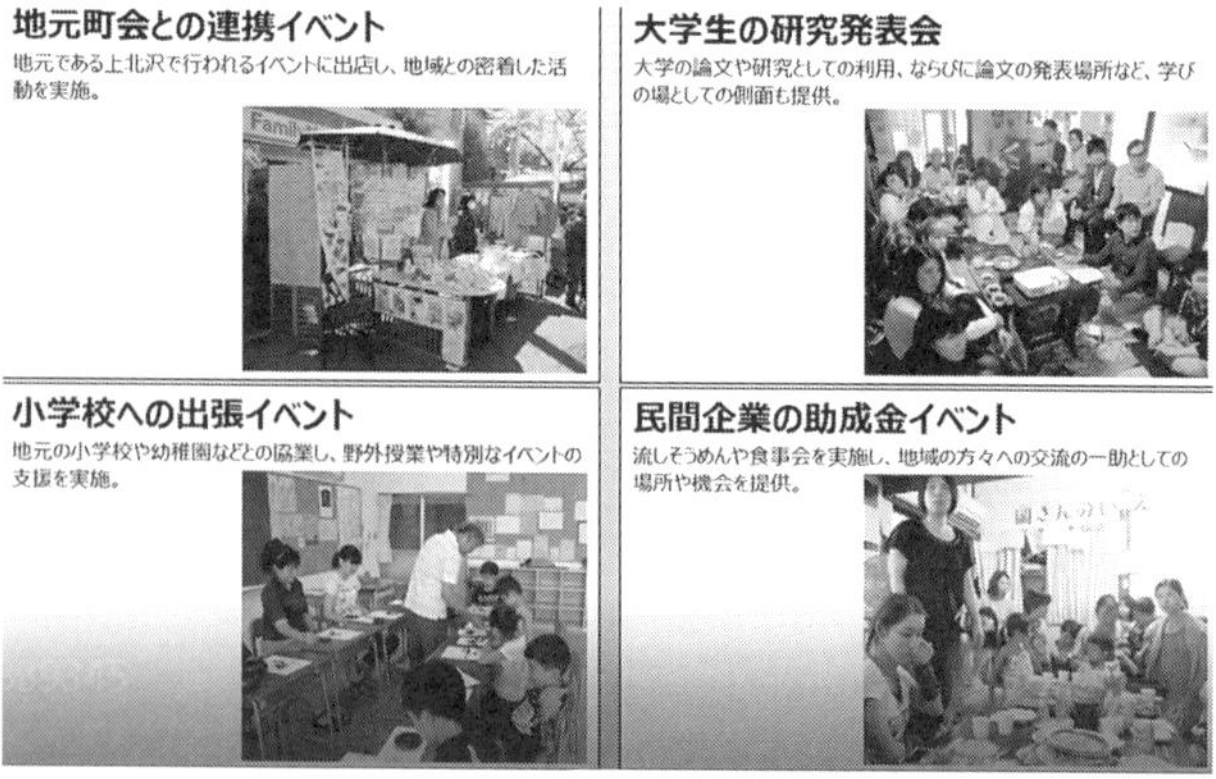

地元町会との連携イベント
地元である上北沢で行われるイベントに出店し、地域との密着した活動を実施。
大学生の研究発表会
大学の論文や研究としての利用、ならびに論文の発表場所など、学びの場としての側面も提供。
小学校への出張イベント
地元の小学校や幼稚園などとの協業し、野外授業や特別なイベントの支援を実施。
民間企業の助成金イベント
流しそうめんや食事会を実施し、地域の方々への交流の一助としての場所や機会を提供。

写真6　岡さんのいえで築いてきたつながり

にご機嫌で帰っていかれました。（写真７）

◆コロナ禍での試行錯誤—閉じることで開くことを必要とされていることを実感—

コロナ禍の中での対応はどうしたか。２０２０年、緊急事態宣言が最初に出たときは２カ月ほど閉めました。その間、できることを探そうとスタッフ間でＺＯＯＭで話し合いました。「まちの保健室カフェ」と、駄菓子屋の話は前述しました。あの当時は、緊急事態宣言が一体いつまで続くのか、もしかしたら何年も続くのかという不安がありました。フェイスブックで「まちのお茶の間、困っています」と出したら、有難いことに寄付が集まりました。閉じているうちにできることをと考え、助成金を使って家具の修繕をしました。岡さんの時代からの古い家具を修繕したり、ピア

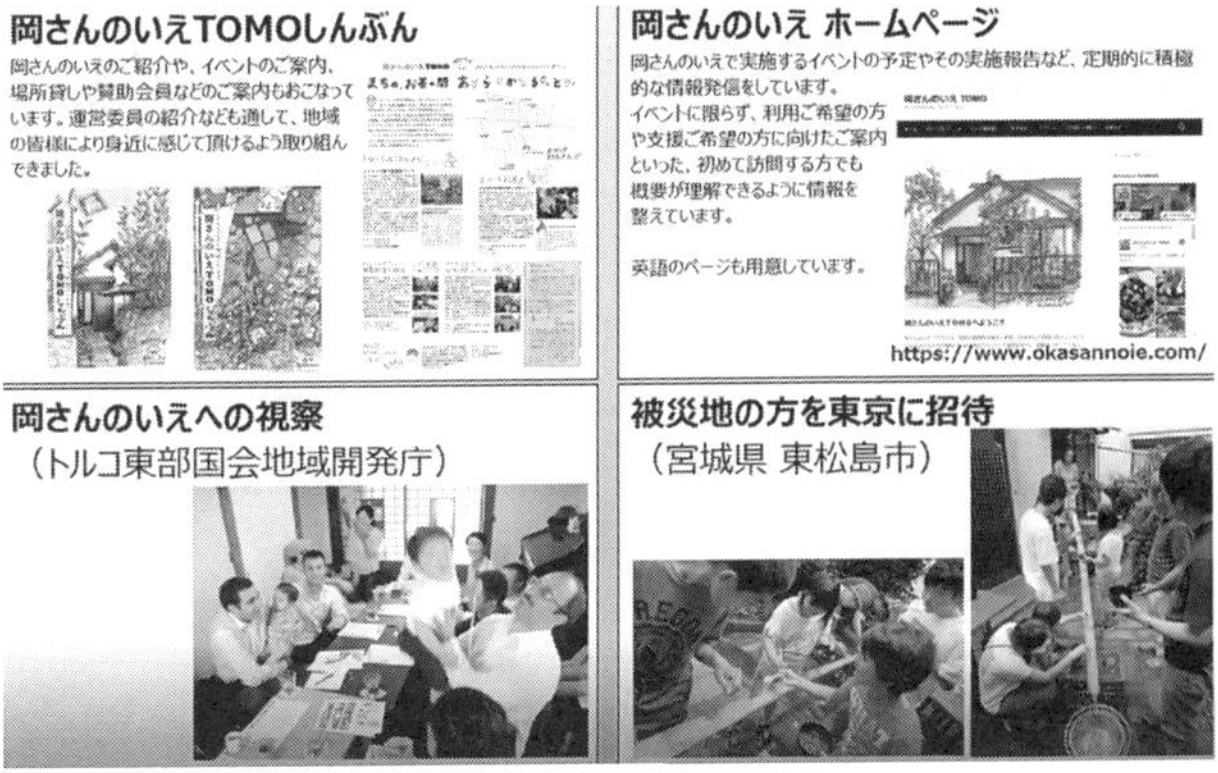
岡さんのいえTOMOしんぶん
岡さんのいえのご紹介や、イベントのご案内、場所貸しや賛助会員などのご案内もおこなっています。運営委員の紹介なども通して、地域の皆様により身近に感じて頂けるよう取り組んできました。
岡さんのいえ ホームページ
岡さんのいえで実施するイベントの予定やその実施報告など、定期的に積極的な情報発信をしています。
イベントに限らず、利用ご希望の方や支援ご希望の方に向けたご案内といった、初めて訪問する方でも概要が理解できるように情報を整えています。
英語のページも用意しています。
https://www.okasannoie.com/
岡さんのいえへの視察
（トルコ東部国会地域開発庁）
被災地の方を東京に招待
（宮城県 東松島市）

写真７　メディアで情報発信

ノを調律したり、電灯を付け替えたりもしました。かつて、庭先で野菜を売ってくれていた人が、「岡さんのいえ応援セット」という野菜セットを販売してくれたりもしました。

「とじる」ことで改めて岡さんのいえを「ひらく」ことを必要としてくれている人がいる。岡さんのいえを気持ちのよりどころにしてくれている人が沢山いることを、確認できる時間でもありました。

◆人のつながりがセーフティネットとなる

「つながり」があるからお互い助け合い、連携できるということ実感できたエピソードをご紹介します。ある日、スタッフの1人が倒れて警察に保護されているという連絡が入りました。所持品の中に岡さんのいえのスタッフの名刺が入っていたそうなのです。他のスタッフが迎えに行くと、ぐったりして、意識朦朧状態でした。事前に包括支援センターの担当の人とは岡さんのいえでつながっていましたので救急車を要請するタイミングを含め、入院も迅速に進めることができました。

私たちのネットワークはセーフティネットとして動いている自覚はないのですが、今回はセーフティネットとして機能しました。ひとり、アパートで倒れていたらと考えると恐ろしいです。緩やかな糸のつながりが自然にうまく結びつき、功を奏したことを、私もスタッフも実感する出来事でした。

◆15年続けられた理由―コソコソ開けてきた（笑）―

ここは、私が大叔母に受容してもらったという本当にパーソナルな体験と個人的な想いから始まった場所です。オープン当初に近所の人が来て、「ここで何をやっているのか全然わからない。賃貸にすればいいのに」と言われました。その言葉は私にとってよい洗礼でした。自分の家の隣にこういう場所ができたら歓迎されるより警戒されるということに気付かされたからです。その他にも「宗教に違いない」「選挙活動」「高額な布団販売」と噂されていることも私の耳に入ってきました。しかし、そうしたことに正面切って反論しませんでしたし、最初の洗礼が効いて、コソコソ開けている感じでした（笑）。ゆっくりと進めましたので、この場の認知度が広がるまで時間はかかりました。

１年目に世田谷区のトラストまちづくり大学のフィールドワークとして選んでもらったことも大きな転機でした。卒業生がスタッフになってくれたので、協議しながら運営できました。

このように15年続けてこられたのは、沢山の人々が共感し協力してくれたからです。その人が出来ることを出来る分だけ、出来るときにやる。やってみて感じたことですが、この場は教育や福祉という枠にはまらない、はめられない、どちらかというとグレーゾーンの子どもや大人が集まって来やすい場だと感じています。それは個人の家だからということもあるでしょう。

行政の枠は縦割りなので、そこにはまり切らない人たちが来る。困難を抱えている人にとって枠は関係ない。

虐待からの措置ということがどういうことなのか。最初は、実感としては薄かったように思います。当事者からの小さな告白は、私にとっては大きな衝撃でした。最近よく取り上げられるヤングケアラーの問題と一緒で「知らない」ことは「いない」こととイコールではない。小さな居場所にできることに限りはありますが、地域の「わやくちゃ」にこの家がどんなふうに関わっていけるのか、寄り添っていけるのか、ずっと考え続けています。

コロナ禍で世の中が手探りになってしまい、この先も見通しがつきませんが、温度差はあっても方向性を共有できる素晴らしい仲間と意思決定ができたことはこの期間の大きな財産だと思っています。色々なことを乗り越えて、一歩前進できたと思っていますので、これからもやれることはできる限りやっていきたいと思っています。

あの時、消毒によってウイルスではなく人と人との親密さがわれたと言われたくないのです。今後も模索しながら続けていきます。

社会教育の再設計　シーズン3から学んだこと

実行委員会委員　山田しづか

この度「社会教育の再設計　シーズン3」に初めて実行委員として参加させていただきました。当初は不安も多かったのですが、今まで私がお話を聴く側だった先生方が実行委員をされているので、オンラインのやり方も含めて、運営や進め方を学べるのではないかと思ったこと、また人が集う「場をつくる」ということは、社会教育にとってとても大切なものだと思っていたので、ぜひお話を伺ってみたいと思っていました。なので、一般の参加された方たちとほぼ同じ気持ちで、実行委員サイドにいたように思います。

シーズン3のテーマは、「民設公民館を考える」でした。「民設公民館」は聴きなれない言葉ですが、まちの中に私設の〝場〟を作り、多世代が集う、その地域ならではの「場をつくる」ことです。全国各地からの素晴らしい講師の方々が、どのように地域に関わっていらっしゃったのか、具体的な事例とともに、また素敵なワークショップもあり、「場をつくる」というと、単に行政などの箱ものをイメージしてしまいそうですが、そうではなく、もっとふらっと地域の人が立ち寄る、地域のゆるいつながりの場なのだということを教えていただきました。

私がシーズン3で学んだことは、「場づくり」には多様な形態があるということです。まさに私設の公民館なので、そのまちにある何かしらの「場」が作られること、開かれることで、地域の人たちが集える拠点として機能していくということです。自分たちで集う場所を決めて、自由な発想でできることは新しい発見でした。また言葉で心を表現する場、住み開きで自宅を開放したり、学校という場を誰でも集える場にしていくことで、多世代を巻き込むことができたり、食を通して人がつながっていく…どれが正解でも、どれがベストな方法でもなく、すべてその地域にしっくりくる形に活動していく中で形作られていくのだなということが、素晴らしいと思いました。

また、コロナ禍で活動がままならなかったり、集まって密になることも自粛せざるを得ない状況が未だ続く中で、それでも「できないこと」よりも「できること」を探そうという講師の方々の努力や、コロナで孤立しているだろう人たちにも寄り添う気持ちで対応されていることは、社会教育という観点だけでなく、新しい社会の在り方や地域のゆるいつながりの大切さを私たちに改めて伝えてくださっていると感じました。活動しようと言うことは簡単だけれども、コロナに対しては、それぞれ人によって、できる、できないの温度差がとてもはっきりしていると思うので、難しいことを考えるのではなく、必要としてくれる人の目線にたつことで、活動が継続されてきているのだと思いました。このシーズン3に参加している時に、別の住み開きをされている方の話を聴いたのですが、やはりそのまちにあったやり方で、また無理をしないやり方で活動をされていました。スタートはそれなりの大変さが伴うのかもしれませんが、シーズン3でお話を伺い、私なりの小さな夢ができました。現実的にはまだ先になりますが、地元で場づくりをやってみたいという気持ちになりました。自宅で住み開きができれば、楽しいかなと思ったりしています。

社会教育というと、肩に力が入ってしまうような感覚になりますが、誰とどんなことをすると楽しいのか、豊かな時間を過ごせるのか、そのようなゆるい入口から、様々なつながりが広がっていくとよいのではないかと思えましたし、そのようなことに今後も自分も関わっていきたいと思いました。

このような学びの機会を与えてくださった関係者の皆さまに心より感謝申し上げます。

実行委員長　朝枝晴美

社会教育の再設計シーズン3　あとがき

2019年から開催している講座「社会教育の再設計」もシーズン3となり、あわせて、書籍『社会教育の再設計』も3回を重ねることになりました。

社会教育について考えるための基本的な視点を学び、それらを根底におく実践例を学び、今回は、自ら「場」を作りその「場」を通してコミュニティを生み出している方たちと社会教育の在り方を学んできました。人と人の関係を生み出すとき、場所と空間をまず共有することが大事であり、それが「公民館」であったかもしれないと、私自身改めて気づきました。「公民館」がない地域で育った私ですが、シーズン3での様々な「公民館的」な事例を通し、場の大切さ、そこで息づく人の思いの大切さ、そこから生まれる自主的な共同性を実感し、コミュニティの萌芽を見ることができました。

講座に参加してくださった方はもちろん、初めてこの本を手にして社会教育「的」公民館「的」な取り組みを知った方々が、それぞれの地域で「的」な動きを生み出し、コミュニティを創り出すきっかけにこの本がなれば幸いです。

私の「わからない」「知りたい」から、学びの場を作りナビゲートしてくださっている牧野先生、企画や運営を支えてくださっている実行委員の皆様に感謝申し上げます。

また、シーズン1より「知の冒険事業」として採択していただいている一般財団法人YS市庭コミュニティ財団には末筆ながらご支援に深謝申し上げます。

「社会教育の再設計　シーズン３」実行委員会委員名簿
９月30日

氏　名	所　属
朝枝　晴美	学びのクリエイターになる！ 講座修了生 実行委員長
岡田　麻矢	豊島区教育委員会　社会教育主事
近藤　真司	(一財)日本青年館 「社会教育」編集長
齋藤　尚久	杉並区教育委員会事務局　社会教育主事
髙井　正	立教大学学校・社会教育講座 特任准教授
多田　邦晃	学びのクリエイターになる！ 講座修了生
中曽根　聡	杉並区教育委員会事務局　社会教育主事
牧野　篤	東京大学大学院教育学研究科　教授
松山　鮎子	大阪教育大学　特任講師
山田しづか	杉並区立社会教育センター職員

＜五十音順＞

社会教育を拡張する草の根の取り組み
社会教育の再設計：シーズン３

発　行　2022年11月30日
編　者　学びのクリエイターになる！実行委員会
発行所　一般財団法人日本青年館「社会教育」編集部
〒160-0013　東京都新宿区霞ヶ丘町4-1
TEL 03-6452-9021　FAX 03-6452-9026
https://social-edu.com
ISBN 978-4-7937-0142-9

印刷　株式会社 平河工業社